学汉语分级读物

⑳

Liú Bāng De Gù Shi
刘邦的故事

第 3 级　历史故事

陈贤纯　编著

北京语言大学出版社
BEIJING LANGUAGE AND CULTURE
UNIVERSITY PRESS

© 2019 北京语言大学出版社，社图号 19098

图书在版编目（CIP）数据

刘邦的故事／陈贤纯编著．－－北京：北京语言大学出版社，2019.9
（学汉语分级读物．第3级：历史故事）
ISBN 978-7-5619-5510-9

Ⅰ.①刘…　Ⅱ.①陈…　Ⅲ.①汉语－对外汉语教学－语言读物　Ⅳ.① H195.5

中国版本图书馆 CIP 数据核字（2019）第 191528 号

刘邦的故事
LIU BANG DE GUSHI

责任编辑：唐琪佳　李　凯		**封面制作**：西吉文化

插图绘制：北京冰河插画工作室　西吉文化
排版制作：北京创艺涵文化发展有限公司
责任印制：周　燚

出版发行：北京语言大学出版社
社　　址：北京市海淀区学院路 15 号，100083
网　　址：www.blcup.com
电子信箱：service@blcup.com
电　　话：编辑部　8610-82303647/3592/3724
　　　　　国内发行　8610-82303650/3591/3648
　　　　　海外发行　8610-82303365/3080/3668
　　　　　北语书店　8610-82303653
　　　　　网购咨询　8610-82303908
印　　刷：北京中科印刷有限公司

版　　次：2019 年 9 月第 1 版
印　　次：2019 年 9 月第 1 次印刷
开　　本：880 毫米 ×1230 毫米　1/32　　**印　张**：3.375
字　　数：53 千字　　**定　价**：29.00 元

PRINTED IN CHINA

编写说明

这是什么书?

这是为学汉语的人写的课外读物,有民间故事、文学故事、历史故事三个部分,一共有 50 本。

谁读这些书呢?

第一,学汉语的外国人;第二,生活在海外的华人子女;第三,中国国内学汉语的少数民族学生,甚至包括中国的小学生。

这些书有意思吗?难不难?

1. 这些书讲的故事很有意思,有很多中国文化的内容。你们在学习汉语的同时,也能了解中国文化。

2. 故事很容易懂。

我们把这些书分为三个等级:

级别	内容	册数	汉字量
第 1 级	民间故事	10 本	500 字
第 2 级	文学故事	20 本	800 字
第 3 级	历史故事	20 本	1200 字

第 1 级是最容易的,10 本书都是中国的民间故事。只要认识 500 个最常用的字,不用查词典,就能轻松读懂这 10 本书。

第 2 级有 20 本书,都是中国古代最有名的小说里的故事,认识 800 个汉字的人可以读懂。小说本来是很难的,可是我们讲得很简单,很容易懂。

第3级也有20本，认识1200个汉字的人可以读懂。这里讲的历史故事发生在2000多年前的中国。为什么给你们看过去的故事？因为文化是从过去来的，看看2000多年前的故事，才能真正知道中国人现在为什么这样想，为什么这样做。

每一本书都只有很少的字比较难，这些字有拼音，有插图，有说明，可以帮助你们读懂。

3. 每一本书都只有几万字，很快就可以读完一本，阅读会成为一件轻松、快乐的事。

4. 这套书一共有50本，很多，内容很丰富。读完这50本书，你们不但能了解中国文化，而且再也不会觉得中文难读懂了。

怎么样？快打开书，读一读这些有意思的故事吧！

关于历史故事

跟民间故事和文学故事不同，历史故事是真实的历史，是以前发生过的事。

这20本历史故事，选自公元前770年到公元前202年的历史。以《左传》《史记》《国语》《战国策》等历史记载为根据，只在细节上有一些连接和想象。

中国的历史很长，故事很多，为什么只选这一段时间？

这一段时间，正是春秋战国到秦朝末年。这是一个乱世，乱世故事多。

这一段时间，也是中华民族文化大发展的时候。

中国文化的很多思想来自这个时期，很多故事来自这个时期，很多成语来自这个时期。

这个时期是中华文化的源头。

要了解中国，必须了解中国文化。

要了解中国文化，就不能不了解春秋战国时期的历史。

历史故事每一本书都有一个编号，编号是根据时间的先后决定的，年代更远的在前面，年代较近的在后面。读者可以根据编号的先后阅读。

故事简介

刘邦本来只是乡下一个不喜欢劳动、爱酒好色的人。农民起义的时候,他也跟着起义,后来带着几千人参加了项梁的楚军。

楚怀王派他去打关中,刘邦在张良的帮助下,很快就打下了关中,占领了秦朝的都城咸阳。但是项羽却只封他为汉王,让他去偏僻的巴蜀。在巴蜀,刘邦得到了韩信的支持。他听从韩信的主意,很快就回到关中,并且带着56万大军去彭城打项羽。

刘邦的实力比不上项羽,他打不过项羽,打一次败一次。但是刘邦在张良、萧何、韩信等人的帮助下,完成了对项羽的包围,最后打败了项羽,项羽自杀了。刘邦建立了汉朝。

目　录

- 泗水亭长 / 1
- 沛县起义 / 11
- 刘邦灭秦 / 19
- 谋士张良 / 27
- 远赴巴蜀 / 35
- 大将韩信 / 41
- 彭城之败 / 51
- 楚汉争战 / 59
- 决战垓下 / 67
- 汉高祖 / 77
- 生词表 / 89
- 附录：第三级 1200 字表 / 91

泗水亭长

刘邦的故事

公元前209年,陈(chén)胜、吴(wú)广在大泽(zé)乡起义反秦(qín)。[见本丛(cóng)书《项(xiàng)羽(yǔ)的故事》]消息很快就传到了全国各地。

各地的人们受不了秦朝的残暴统治,都纷纷杀掉自己当地的县令、郡(jùn)守等官员,起义了。全国到处都燃(rán)烧起了起义的大火。

沛(pèi)县的县令非常害怕,自己这个县的年轻人也已经在准备起义了,眼看着自己的命也要保不住了。怎么办呢?

他找来手下的两个官员商量,说:"现在全天下都造反了,我们也赶紧造反吧,要不然老百姓会杀死我们。"

他手下的这两个官员,一个叫萧(xiāo)何,另一个叫曹(cáo)参。

萧何对他说:"您是秦朝的官,现在您要带着大家造反,恐怕大家不会听您的指挥。"

县令着急地说:"那怎么办呢?"

萧何说:"您可以把逃到外地的人叫回来,他们有好几百人呢。您如果利用这些人,民众就不敢不听您的指挥了。"

"你是说刘(liú)季吧?可是不知道他现在在哪儿呀?"县令说。

残暴　cánbào　对老百姓非常坏,随便杀人、抓人等。

曹参说:"您可以派樊(fán)哙(kuài)去找他,樊哙知道他在哪儿。"

于是县令立刻把樊哙叫来,让他去找刘季。

这刘季是什么人?

刘季就是刘邦(bāng),也就是后来汉朝的开国皇(huáng)帝(dì)。"邦"是他当皇帝以后给自己起的名字。其实"季"并不能算是名字,因为"季"表示的是兄弟之间的排行:老大是"伯(bó)",老二是"仲(zhòng)",老三是"叔",老四是"季"。所以,刘季的意思就是刘老四。

那时候,刘邦只是一个最底层的老百姓,所以连正式的名字都没有。

刘邦的家里不算太穷,他父亲有一些地。刘邦小时候虽然上过学,可是他不喜欢读书,经常逃学。他更不愿意干农活儿,也看不上平民百姓那些平常的职业。

那他干什么呢?

他每天什么都不干,成天游手好闲。他父亲对他很不满意,老骂他是无赖,没出息,不如他二哥刘仲会干活儿,会挣(zhèng)钱养家。

刘邦长大后仍然游手好闲,什么事儿都不肯做。所以,太史公司(sī)马迁(qiān)在写《史记》的时候,

游手好闲 yóushǒu-hàoxián 不干活儿,只知道玩儿。
无赖 wúlài 品行不好、不讲道理、不做正事的人。

用四个字形容他——好酒及色。"好"就是喜欢,"色"就是女色、美女,所以这句话的意思就是他喜欢喝酒吃肉,喜欢美女,说得难听一点儿就是喜欢吃喝玩乐,跟女人鬼混。

他常到村里的小酒馆喝酒,喝醉了就躺在酒馆里睡觉。而且他没有钱,叫人家把酒钱记在账上,说到年底的时候一起付。可是到年底的时候他还是没有钱,所以等于是白吃白喝。

刘邦后来找到了一个工作,他在沛县泗(sì)水当了亭(tíng)长。

亭长是干什么的呢?

秦朝的时候十里为一亭,十亭为一乡。亭长管十里之内的几个村子,实际上是最小最小的官。这么小的官,他当然没有什么钱。

他跟县里的官员们混得很熟。虽然他自己是最小最小的官,但是县里的那些官员他都没看在眼里,总是看不起他们。

有一次,县令的家里来了贵客,官员和当地的有钱人都去送贺礼。萧何负责收贺礼,他规定,贺礼不满1000钱的人都只能坐在堂下。

鬼混 guǐhùn 指过不正当的生活。
账 zhàng 钱和货物进出的记录。

刘邦也去了,他在自己的名片上写"贺钱一万",但实际上他身上一文钱也没有。

县令的贵客姓吕(lǚ),大家都叫他吕公。"公"是对年纪比较大的男子的尊称。吕公一看刘邦的名片,大概因为看到了"贺钱一万",觉得很吃惊,特地到门口去迎接他。

萧何说:"这个刘季一向喜欢说大话,他说的话很少能做到。"

据说,这个吕公会给人看相。

什么是看相?

看相就是看人的长相,也就是看人的脸就能知道这个人以后会怎么样,比如有钱还是穷,地位高还是地位低,长命还是短命,等等。这也叫相面。

吕公看到刘邦以后,说这个人以后了不得,所以他很敬重刘邦,亲自把他领到堂上。刘邦在堂上高声谈论,说这个不行,笑那个不怎么样,不把任何人放在眼里。

喝完酒以后,吕公把刘邦留了下来,说:"我从年轻时就喜欢给人看相,看过的人太多了,从来没见过像你这么富贵的长相。我有个女儿,我想把她嫁给你。"

当时,很多人都把刘邦看作是不务正业的无赖,当然没有姑娘愿意嫁给一个无赖。所以,刘邦虽然喜欢女人,可是他一直没有老婆。

从那以后，刘邦就有老婆了，这个姓吕的姑娘名叫吕雉（zhì），她就是后来的吕后。几年以后，刘邦跟她有了一个儿子和一个女儿。

既然他已经有了老婆孩子，为什么还要逃到外地呢？

说来话长。本来，亭长的工作主要是管地方的治安，传达上头的命令，替县里把税从老百姓那儿收上来。不过，那时候秦始皇需要大量的百姓去给他修建长城，修墓（mù），修建宫殿（diàn），等等。这样一来，亭长还要帮县里抓老百姓去做苦工，抓够了人数，就带着他们去咸（xián）阳或者长城的工地。

很多老百姓在干活儿的时候都累死、病死了，所以多数人去了以后就再也没有回来。

有一次，刘邦带着百姓们去咸阳附近，可是刚离开家乡没多远，就有人逃跑。你想，去了以后就回不来了，谁愿意去呀？只要有可能，他们当然会逃跑。

逃跑的人越来越多。刘邦估计，这样下去，还没到咸阳，人就跑光了。这样的话，刘邦也会被处死。

怎么办呢？

我们在前面讲了刘邦一些不好的地方，但是他也有好的地方。他对人比较随和，不像有些人那么凶狠。而且他心胸比较宽大，脑子明白，想得开。

税　shuì　国家按照规定向个人收的钱。
凶狠　xiōnghěn　对别人态度很坏，骂人、打人等。

刘邦想,这样到咸阳去白白送死,还不如把百姓们全都放了。所以,走到家乡西边的时候,刘邦让百姓们休息。

他对大家说:"各位都走吧。"

百姓们都很感谢他,有的人说:"我们都走了,您怎么办?"

刘邦说:"我当然也回不了家了,只好跟大家一样逃走。"

有十几个年轻人说:"那我们跟着您吧,跟您一起干。"

于是,刘邦带着他们继续往西走。有一天晚上,走着走着,走在前面的人忽然大叫起来:"前面有一条大蛇挡住了去路,好大的一条蛇呀,我们往回走吧。"

这天晚上,刘邦喝醉了酒,醉醺(xūn)醺地拿着剑(jiàn),走到前面去,说:"不就是一条蛇吗?怕什么怕!"说着就走上前去,把蛇砍成了两段,然后大家跟着他接着往前走。这天刘邦真是喝醉了,没走多久,就倒在地上睡着了。

后面的人走到刘邦砍蛇的地方,看到一个老婆婆坐在那里哭。有人问她为什么哭,老婆婆说:"有人杀了我的儿子,所以我在这儿哭。"

"你儿子为什么被人家杀了?"

老婆婆说:"我儿子是白帝的儿子,他变成大蛇挡在路上。结果被赤(chì)帝的儿子杀了,所以我哭。"

刘邦的故事

人们都不相信,以为她是胡说。可是一转眼,那老婆婆就不见了,人们觉得非常奇怪。有人把这件事儿告诉了刘邦,刘邦心里暗暗高兴,觉得自己不是一般人。而大家呢,跟着刘邦也就更有信心了。

虽然《史记》是这样写的,但是我们觉得,砍蛇的事儿可能是有的,可是那老婆婆的事儿一定是编出来的。这样就是为了让人们相信刘邦跟别人不一样。古代的人很喜欢编这样的故事,就好像陈胜和吴广在起义前装神弄鬼一样。(见本丛书《项羽的故事》)

《史记》还记了另一些显然是编出来的事儿:说刘邦头上常有五彩云气,所以他躲在芒(máng)砀(dàng)山上的时候,他老婆去找他,一找就能找到;还有,刘邦以前在酒馆里喝酒,喝醉了睡在那里,开酒馆的王老太太常常看到他头上有一条龙(lóng)的影子,而且这一天卖出的酒总要比平时多出好几倍。

龙

这些显然都是刘邦当了皇帝以后,人们为了神化他编出来的故事。

沛县起义

刘邦的故事

我们再回过头来说沛县县令派樊哙去找刘邦的事儿。

樊哙是什么人?他是刘邦的朋友。吕公的另一个女儿嫁给了樊哙,所以他们俩还有亲戚关系。樊哙是一位勇士,后来成了刘邦的大将。

这时候的刘邦躲在芒砀山。芒砀山在沛县西南不远的地方,这时候刘邦已经在那里聚(jù)集了几百个人。

刘邦带着大家,跟樊哙一起回到了沛县。可是,这时候沛县的县令后悔了,他害怕刘邦来了以后会杀掉他。所以,他叫人紧闭城门,不让刘邦进城,并且想杀掉萧何和曹参。萧何和曹参赶紧逃出城去,投奔了刘邦。

刘邦写了一封信,用箭射进城去,对城里的父老乡亲们说:"天下人受秦朝的苦已经很久了,现在各地都起兵造反了,难道你们还要为县令卖命守城吗?你们应该赶快杀掉县令,选一个你们信任的人来主事,带领沛县的人起义,这样才能保住全城人的命。"

城里的人看了信,觉得有道理,就悄悄地组织一些年轻人,杀掉了县令,打开城门,迎接刘邦进城。他们要推选刘邦当县令。

刘邦说:"我自己是不怕什么的,我只担心我的本事不够,不能保全大家。你们还是另找有本事的人吧。"

投奔　tóubèn　前去依靠别人。

沛县起义

刘邦的故事

这时候的刘邦对自己并没有信心,而且他也绝对没有想到,六年后他将会成为一个新朝代的皇帝。

萧何、曹参等这些原来的官员都胆小怕事,怕造反不成,将来被秦朝灭九族,因此谁都不肯出头。最后,他们还是想推选刘邦当县令。

于是,刘邦当了县令,大家叫他沛公,这一年他已经48岁了。萧何、曹参、樊哙等人成了他的帮手,他们聚集起两三千人,去攻打秦朝的城镇(zhèn),取得了好几次胜利。

后来,刘邦听说项梁(liáng)的起义军已经来到了附近,于是他就带着大家去投奔项梁。因为项梁的势力比他们大得多,而且项家世代都是楚国的将军,当时大家都相信他,大家都去投奔他。

这时,陈胜、吴广等这些最早起义的人都已经死了,项梁叫各路起义军领袖来开会。他听从范(fàn)增的建议(yì),恢复了楚国,立楚王的后代为楚怀(huái)王。这样,楚军的实力就更强了。

休整了几个月后,他们就向秦军发起进攻,秦军被打败。接下来,项梁派项羽和刘邦去攻打城阳。城阳被攻下来以后,城里的人都被项羽杀死了。后来,刘邦和项羽又一起跟秦军开战,大破秦军,杀死了秦朝大将李(lǐ)由。

接连打了几次胜仗(zhàng),项梁开始骄傲了,他

沛县起义

觉得秦朝的军队并不强大,用不着害怕,因此他没有做好准备。结果,秦朝大将章(zhāng)邯(hán)带领秦军把楚军打得大败,项梁战死。

形势一下子变得对楚军很不利。刘邦和项羽只好向东退到彭(péng)城,也就是现在的徐(xú)州(zhōu),做好应对章邯来进攻彭城的准备。

可是,章邯没有来,他领着秦军渡过黄河,去攻打北方的赵(zhào)国了。秦军很快就打败了赵军,赵王退到巨(jù)鹿(lù)城中。秦军包围了巨鹿城,赵王赶紧派人去各地求救。

楚怀王决定派楚军的主力去救赵国,同时又决定,趁秦军的主力在赵国,派一支部队直接进攻秦国的后方——关中。

当时大家都以为秦军在关中的力量还很强,所以谁都不愿意去。只有刘邦愿意去,项羽为了给叔父项梁报仇,也要求跟刘邦一起去。

有一些人对楚怀王说:"项羽这个人太残暴,他攻下襄(xiāng)城后,把全城的人都活埋了,没有一个人能活下来。他所经过的地方,老百姓全被他杀死。这次打关中,不能派这样的人去,应该派一个对百姓好一点儿、年纪大一点儿的人去,以仁(rén)义之心去征

报仇 bào chóu 采取行动来打击伤害过自己的人。

服关中。关中的百姓受秦朝的苦已经很久了,如果对老百姓好一些,关中是能攻下来的。沛公是一个对百姓很好的长者,应该派他去。"

楚怀王听了大家的意见,就任命他最信任的将军宋(sòng)义为上将军,项羽为次将,让他们去救赵国。他让刘邦带着部队西进,进攻关中。楚怀王跟各路将领们约定,谁先攻下关中,谁就做关中王。

刘邦的部队只有几千人,不过一路上他收编了许多陈胜和项梁的败兵,人很快就多了起来。打了几次胜仗以后,他们来到了高阳。

高阳有一个人叫郦(lì)食(yì)其(jī),他当时已经60岁了,是个读书人。这个人平时不把任何人放在眼里,可是他看到刘邦以后,对人说:"经过这里的各路将领,我见得不少了,我看只有沛公是个能成事的人。"

他觉得别人都不行,只有这个刘邦能成大事,所以他决定投奔刘邦。他请一个在刘邦那里做事的熟人帮忙,请求见刘邦。

那人说:"你不知道,沛公最看不起的、最不喜欢的就是你们这些读书人。要是读书人求见,他都要想办法骂他们。"

郦食其说:"那你就不要说我是读书人,就说一个高阳酒徒求见。"

酒徒 jiǔtú 喜欢喝酒、常常喝醉的人。

沛县起义

刘邦果然接见了这个高阳酒徒。郦食其进去一看,两个姑娘正在给刘邦洗脚,客人来了还这样,这显然很不礼貌。刘邦就是这样一个人,他可不管礼貌不礼貌。除此之外,他还常常骂人。

郦食其说:"您要是真想打败秦军,就不应该用这样的态度来接见长者。"

刘邦一听,这个人可不是书呆子,说不定是个人才,于是赶紧站起来,整理好衣服向郦食其说对不起,请他坐。

知错能改,这也是刘邦的优点。刘邦知道自己能力不行,所以人才对他来说很重要,他渴望各种人才来帮助自己。他看不起读书人,是因为那些读书人多数都是书呆子,没有真本事。

郦食其告诉刘邦,应该去攻打陈留,那里有很多秦军的粮食。然后在陈留扩大、休整军队,再去进攻关中。

刘邦正在为粮食发愁,于是就派郦食其去陈留。郦食其杀了陈留县令,陈留人都投降了刘邦。

投降 tóuxiáng 因为打不过对方,所以不打了,放下武器,表示服从对方。

刘邦灭秦

刘邦的故事

在陈留休整以后,刘邦继续西进,打了几次胜仗。有的城市打不下来,刘邦就不打了,绕开它,继续西进,不久就来到了南阳郡。南阳郡守领着秦军来打刘邦,结果秦军大败,南阳郡守逃到宛(wǎn)城坚守。

刘邦命令部队绕过宛城,继续西进。这时,他的谋士张(zhāng)良对他说:"这样不行。"

"为什么不行?"刘邦问。

"我知道您想早一点儿进入关中,但是关里还有强大的秦军,当我们跟他们作战的时候,宛城的秦军就会出来,从后面打我们。那时候我们前后受敌,就危险了。"

张良说得对,刘邦太性急了,没有想到这一点。

于是,刘邦就在晚上带着部队,悄悄地从另一条路回到了宛城,把宛城包围起来,准备打宛城。

这时候,有一个人从城里翻城墙出来见刘邦,他对刘邦说:"听说楚怀王跟你们说好了,谁先进入关中,谁就当关中王。现在您停下来打宛城,宛城不容易被攻下来,而且南阳郡有几十座城,人口很多,粮草也很多。如果让城里的人以为投降一定会死,那么他们就会拼命守城。那样您也会有很大损失,而且时间会很久,什么时候才能够进入关中呢?

谋士　móushì　为将军或国家出主意的人。

刘邦灭秦

"如果您放弃攻打宛城,那么宛城的守军就会跟在您后面,从后面打您。这样也不行。

"所以,不如让南阳郡守投降。您让他继续当南阳郡守,您带着宛城的军队西进。这样一来,前面那些还没有攻下来的城市就都会打开城门投降,您很快就能进入关中打下咸阳了。"

有这样的好事儿,刘邦马上就答应,南阳郡守如果投降,让他继续当郡守,并且保证不伤害城里的老百姓。

南阳郡守投降了。果然,一路上的城市都不再抵抗,看到刘邦来了都打开城门投降。

秦军这时候已经没有了斗志,即使抵抗,也都不是刘邦的对手。刘邦在蓝田大破秦军以后,就再也没有遇到抵抗。刘邦跟项羽不一样,他下令全军不许抢东西、杀人,不许伤害老百姓。这使得秦地的老百姓很高兴。

公元前207年,刘邦顺利地来到咸阳郊区的霸(bà)上。这时候,秦二世已经被赵高杀死,而赵高又被秦王子婴(yīng)杀死。子婴只当了46天秦王,他知道自己已经不可能救秦国,所以穿着白色的衣服,脖子上挂着一条表示要自杀的带子,手里拿着皇帝的玉

抵抗　dǐkàng　派出军队跟敌人打。

玺（xǐ），跪在路旁向刘邦投降。

秦朝就这样灭亡了。

刘邦的将领们都要求杀掉子婴。刘邦不同意，说："当初怀王派我来，就是因为我不会随便杀人。再说，人家已经投降了，我们还杀他，这不好。"

玉玺

他派人把子婴看管起来。

刘邦让军队驻扎在霸上，自己带着一些人进入了咸阳。咸阳城里宫殿一座连着一座，又高大又漂亮。刘邦走进皇宫，看得眼睛都花了。刘邦本来不过是一个乡下人，哪里见过这么漂亮的宫殿。不但是宫殿，还有那么多财宝，那么多美女，那么多酒肉。

想当年，在路上看到秦始皇的车队的时候，他就曾经说："大丈夫就应当这样。"想不到现在这里的一切都是自己的了。他喜欢美女，喜欢酒肉，他太喜欢这一切，都不想走了。他当场决定，晚上就住在皇宫里。

樊哙提醒他，说："天下还没有安定，这个地方不是我们住的，还是回军营住吧。"

刘邦不听，坚持要住在皇宫里。

驻扎　zhùzhā　军队在一个地方住下。
财宝　cáibǎo　钱和贵重的东西。

刘邦灭秦

这时候,张良说:"沛公,您不要住在这里。这是残暴的秦朝皇帝住的地方,难道您也想成为残暴的君主吗?樊哙的话虽然您不爱听,但他是对的,我们回军营住吧。"

这一回,刘邦清醒了,他听从了樊哙、张良的劝告,并且命令把皇宫里的财宝都封在仓库里,谁都不许拿走仓库里面的东西。可是,他的命令下得晚了,皇宫里的财宝大多数都已经被他手下的将士们抢走了。

当别人都在抢金银财宝的时候,只有一个人对那些财宝没有兴趣(qù),他首先跑进丞相府,命令士兵们把那里的各种文书全都搬走,保护起来。这个人就是萧何。萧何已经想到,要建立一个新的国家,前朝的这些文书是非常重要、非常宝贵的,所以他把这些文书当作财宝。后来刘邦能够知道全国的军事布防,户口多少,哪个地方穷,哪个地方富,等等,都是从这些文书上查出来的。

如果不是萧何把这些东西保护起来,后来项羽火烧咸阳的时候,这些东西就会被全部烧掉。

刘邦脑子清醒以后,就知道应该做什么了。他把关中各县的官员和有钱人找来,对他们说:"大家受秦

仓库　cāngkù　放东西的大房子。
丞相　chéngxiàng　皇帝下面最大的官。

刘邦灭秦

朝暴政(zhèng)的苦很久了,秦朝靠残暴的法律(lǜ)统治人民。谁说皇帝的坏话,谁就要被灭族,连两个人在一起说国事也要被杀头。现在我来了,这些全都废除。今后的法律只有三条:杀人者死,伤人或者偷东西的各自按照情节轻重定罪(zuì)。

"各级官员都回去,照常办公。大家不要害怕,我们是为老百姓除害的,决不会损害老百姓的利益(yì)。"

随后,刘邦又派人跟着各地的官员,到各县各乡去向大家说明。各地的老百姓听了都非常高兴,大家纷纷牵着牛羊,带着酒菜来送给刘邦的军队。

刘邦坚决不要,他说:"谢谢各位父老乡亲,大家受苦很长时间了,我知道你们生活也不容易,我不能再让大家破费了。仓库里有的是粮食,我们什么都不缺。大家回去好好过日子吧。"

关中的百姓们都很高兴,大家都拥护刘邦,就怕刘邦不能留下来当关中王。刘邦在关中深得民心。

但是,接下来刘邦犯了一个错误。有一个谋士对他说:"关中地区很富,而且地势险要。听说章邯已经投降了项羽,他们马上就要到关中来了。他们一来,恐怕就没有您什么好处了。您赶紧派兵把守住进入关

废除　fèichú　不要了,没有用了。
破费　pòfèi　花钱。
拥护　yōnghù　觉得这样做很好,表示支持。

刘邦的故事

中的门户函(hán)谷(gǔ)关,不要让其他各路人马进来,然后您再从关中地区征调人马,加强自己的力量,把项羽挡在函谷关外。"

刘邦一想,对呀,虽说当初约定了谁先进入关中,谁当关中王,可是项羽要是不同意呢?所以,他就派人去守住了函谷关。

刘邦的错误在于他应该知道,以他现在的实力,函谷关是守不住的,到时会引起项羽的愤怒,发兵来攻打他。这个时候他还没有实力跟项羽对抗。

项羽有40万大军,而刘邦只有10万人。如果双方一交战,刘邦就全都完了。

这时,刘邦的手下出了一个内奸,叫曹无伤,他为了讨好项羽,出卖了刘邦。

项羽果然大怒,要发兵来攻打刘邦。幸好项羽的堂叔项伯想救张良,偷偷去找张良,让他快逃走。张良得知消息,赶紧让刘邦表面上服从项羽,去鸿(hóng)门向项羽谢罪,帮他解脱了危险。(见本丛书《项羽的故事》)

这一次,要是没有项伯和张良,刘邦肯定完了。

内奸　nèijiān　藏在内部,为敌人做事的人。
谢罪　xiè zuì　向别人承认自己的错,说对不起。

谋士张良

刘邦的故事

张良是什么人?

他并不是刘邦从家乡带出来的人。他原来是韩(hán)国的贵族,他的祖父和父亲都曾经是韩国的丞相。

公元前230年,韩国被秦国消灭,那时候张良大约20岁,他逃亡在外,散尽家财,到处找勇士,想刺杀秦始皇,为韩国报仇。后来他找到了一个大力士,这个人用手可以举起120斤的大铁锤(chuí),并且能把铁锤扔出很远。张良准备让他去刺杀秦始皇。

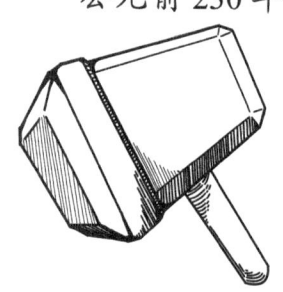

大铁锤

他们不可能到皇宫里去杀秦始皇,所以只有等秦始皇出来的时候,才有可能动手。

两个人一边偷偷地做着准备,一边打听秦始皇什么时候出巡(xún)。

终于,秦始皇出巡了。张良打听到,秦始皇要经过博(bó)浪(làng)沙,于是他就带着大力士悄悄地来到博浪沙。他们藏在路边的树林里,等秦始皇的车队一走近,那大力士把手中的大铁锤奋力一扔,只听见"哗(huā)啦"一声响,一辆马车被砸得粉碎。可是,那不是秦始皇乘坐的车,只是一辆副车。秦始皇吓了一跳,但没有受伤。

逃亡　táowáng　为了保住自己的命而离开家乡。

谋士张良

这次行动失败。

张良跟大力士说好，只要大铁锤一扔出去，不管成功还是失败，马上就逃走，走得远远的，改名换姓藏起来。

秦始皇大怒，下令在全国搜查，一定要抓到刺客。可是刺客已经不见了，抓了几年都没有抓到，后来只好算了。

张良逃到了下邳（pī），他在下邳藏了整整十年。在这里，他遇见了项羽的堂叔项伯。项伯当时杀人犯了罪，张良救了他，因此两个人就成了好朋友。

住在下邳的时候，张良遇到了一件奇怪的事儿。有一天他到郊外散步，来到一座桥上。有一个穿着粗麻布短衣的老人走到张良跟前时，故意把自己的一只鞋甩（shuǎi）到了桥下，然后他转过头来对张良说："小子，下去把我的鞋捡上来。"

张良一愣（lèng），他非常生气，从来没有人对他这样没有礼貌。不过，他一看老人已经这么大年纪了，还是忍着气，走到桥下，把老人的鞋捡了上来。

没想到那老人把脚一伸，说："给我穿上。"

这简直太过分了。不过，张良一想，既然已经给他捡上来了，那就好事儿做到底，给他穿上吧。于是，张良就跪下去，给老人穿好了鞋。

搜查　sōuchá　派士兵一家一户地到处找。

刘邦的故事

那老人等张良给他穿好鞋以后,也不说谢谢,笑了笑,满意地走了。张良很吃惊,看着老人远去的背影,觉得这老人真奇怪。让他更奇怪的是,老人走出大约一里路后,又回来了。

他回来干什么?

没想到,老人对张良说:"你小子看起来还可以教,五天以后的一大早,你在这儿等我。"

张良觉得这老人这么奇怪,一定不是平常人,于是就跪下来,说:"好的。"

到了第五天早上,天刚有一点儿亮,张良就到了桥头。张良一看,那老人已经在那儿了。显然老人已经等了很久,见到张良来晚了,他生气地说:"跟老人约会,你怎么可以迟到呢?"

说完,他转身就走,并且说:"再过五天早点儿来。"

又过了五天,这回鸡一叫,张良就起来往外走,那时候天还没亮呢。可是赶到桥头一看,老人又早早地等在那里了。

当然,他一见到张良就骂道:"你怎么又迟到了呢?"

张良很不好意思,他没想到老人会来得这么早。结果,老人还是让他过五天再来。

这一回,张良都不敢睡觉了,没到半夜就来到了桥头。张良一看,还好老人还没有来,这回应该不会再挨骂了。

过了一会儿,老人来了,见到张良已经等在那里了,他高兴地说:"年轻人,本来就应该这样!"

说着,他拿出一大卷竹(zhú)简来。

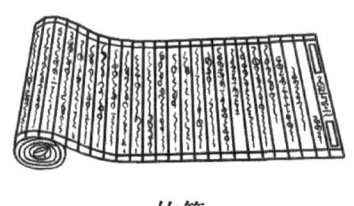

竹简

竹简是什么?竹简就是书,那时候没有纸,人们把字写在竹片上,然后用绳子把一根根竹片连起来,就成了一卷书。

他把书递给张良,说:"好好读通这部书,你就可以成为帝王的老师了。"

张良接过竹简,老人又说:"再过十年,将有王者兴起。十三年后,你我将在济北见面。那时候你会在古城山下见到一块黄石头,那就是我。"

老人说完就走了,此后张良再也没见过他。

一块黄石头就是他?石头怎么会变成人?这是真的吗?

你一定不相信。那老人一定是为了使自己更加神秘,才这样说的。不过,我们信不信其实并不重要,重要的是张良非常相信。十三年后,张良果然在济北古城山下见到了一块黄石头。他把这块石头带回家,放起来。张良死的时候,还让人把那块石头跟自己葬(zàng)在了一起。

老人走了以后,张良急于想知道这是一部什么书。

谋士张良

可是当时天很黑,看不见竹简上的字。等到天亮,张良才知道,原来是《太公兵法》。

太公就是姜(jiāng)太公,是在公元前1046年帮助周武王推翻商朝、建立周朝的军事家。《太公兵法》就是姜太公写的兵法书。张良非常吃惊,他早就听说过有这部书,可是从来没有听说有谁读过这部书。于是,他把这部书当作宝贝(bèi),在这十年时间里经常读这部书,非常用心。

总之,张良在下邳的这十年中,修身养性,用功读兵法,已经跟当初刺杀秦始皇时的那个毛头小伙子很不一样了,他已经更成熟,更有智慧了。

果然,十年后陈胜、吴广起义了。张良趁机也聚集起一百多人反秦。这时,刘邦带着几千人来到下邳,张良就带着自己的人参加了刘邦的起义军。

大概因为张良身体瘦小,不适合到前线打仗,所以刘邦让他管理战马。这期间,张良常常给刘邦讲《太公兵法》。刘邦非常感兴趣,常常采用张良的主意,因而能够取得胜利。

刘邦虽然不读书,但是张良讲的兵法他一听就明白。张良曾经对人说:"这些话我跟别人也讲过,可是那些人都不明白。沛公的智慧大概是老天爷给他的。"

智慧 zhìhuì 可以做大事的能力。

刘邦非常看重张良,他需要有人帮他出主意。

后来,刘邦参加了项梁的楚军。在一次开会的时候,张良向项梁建议,恢复韩国,立韩王的后代韩成为韩王。

张良是韩国人,恢复韩国一直是他的梦想。

项梁同意了,就派他去恢复韩国,并且任命他为韩国的丞相。张良离开了刘邦,和韩成一起带领一千多人跟秦军作战。可是他们很不顺利,打下的城市又被秦军夺了回去,只好在山里打游击。直到刘邦去进攻关中,路过那里,张良才又跟刘邦会合,他们一起攻下了韩地的十几座城。

刘邦让韩成在那里留守,要张良跟他一起进关中。韩成当然不干:"你把我的丞相带走了,我怎么办?"

刘邦只好跟韩成说:"就算我借你的,行了吧?打下关中以后,我就把他还给你。"

刘邦非常需要张良。要是没有张良,做什么事儿他都不放心。

听了张良的主意,刘邦的军队一路上没有受到重大损失,顺利地打了几次胜仗,打下了关中,进入咸阳,灭了秦朝。

刘邦一生中,曾经多次遇到危险,往往都是靠张良的办法才平安脱身,一步一步取得胜利,最后才建立了汉朝。

远赴巴蜀

刘邦的故事

鸿门宴以后,项羽进入了咸阳。项羽跟刘邦完全不一样,他在咸阳杀人、抢东西,把咸阳烧成了一片废墟。然后他开始分封天下,这时候是公元前206年。刘邦本来应该当关中王,可是项羽偏偏不让他当关中王,项羽把关中封给了三个秦朝降将。

项羽封刘邦为汉王,让刘邦到巴(bā)蜀(shǔ)地区去。巴蜀就是现在的四川,那个地方四面都是高山,交通很不方便。无论项羽、范增还是刘邦,都知道那个地方很偏僻,很穷,文化也很落后,所以秦朝常常把犯人流放到那里去。

刘邦和他的部下当然谁都不愿意去那样的地方。可是没办法,他们打不过项羽,只好忍了。当然,大家的心情都很不好。

萧何看了从皇宫里抢出来的文书以后,说:"那个地方其实不像项羽想的那么不好,巴蜀地区经过李冰父子的水利建设,后来比较富了,已经成为秦国的大粮仓。关中和中原这么多年战争不断,受到了很大的破坏,只有巴蜀没有受到战争破坏,那是一个好地方啊。如果这么好的地方您还不要,那是不吉利的。"

听萧何这么一说,刘邦才觉得好受了一些,于是

废墟 fèixū 城市或村镇被破坏后留下来的地方。
偏僻 piānpì 很远,交通不方便,很少有人去。
不吉利 bù jílì 不好,以后会碰到坏事儿。

远赴巴蜀

他接受了汉王的称号,准备带着大家去巴蜀。

从此,刘邦的阵营称为汉,项羽的阵营称为楚。不久就开始了楚汉战争。

张良要回韩国了,刘邦很舍不得,他送给张良很多黄金和珠(zhū)宝。张良把这些东西都转送给了项伯。刘邦又通过张良,给项伯送了很多东西,他想让项伯在项羽面前说说好话,把紧挨巴蜀的汉中地区也封给他。项羽同意了,因此刘邦又得到了汉中地区。

那时候从关中去巴蜀非常难,要翻过一重重高山,很多地方根本没有路。古人在石头上挖洞,插上木棍(gùn),然后在木棍上放木板,搭(dā)出一条像小桥一样的路来,这就是栈(zhàn)道。

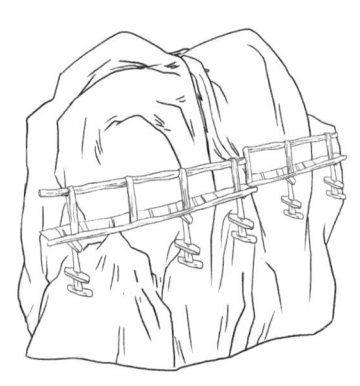

栈道

刘邦十万人的部队必须通过这样的栈道才能到巴蜀去。

张良送刘邦去巴蜀,送到半路上,刘邦说:"你别送了,回韩国去吧。"

张良说:"您不如把刚才走的栈道烧掉,向人们表示您不会打回关中去了,这样项羽才会放心。"

于是,刘邦就让张良在回去的时候边走边烧,把整个栈道都烧掉。

这样一来，项羽果然对刘邦放心了。

张良回到韩国一看，韩国的情况已经发生了变化，韩王被项羽带到了彭城，张良只好也到彭城去。不久，项羽把韩成杀了。恢复韩国已经不可能了，张良只好从项羽的军营里逃出来，去投奔刘邦。

再说刘邦手下的将士们都不愿意留在巴蜀，他们的老家都在东边，现在到了这人生地不熟、交通不便的巴蜀，觉得没有前途。他们人人都想念家乡，没有人愿意待在这个地方。于是，士兵们纷纷逃跑，想回到家乡去。

逃跑的人越来越多，连将军都跑了几十个。刘邦虽然心里很着急，可是又没有办法。

有一天，忽然有人来报告，说："昨天晚上，萧何丞相也骑着马急急忙忙逃走了。"

刘邦一听，大吃一惊。萧何是跟他一起从沛县出来的，一直是刘邦的大管家，除了打仗以外的所有事情，他都交给了萧何，萧何对他来说非常重要。现在连萧何都跑了，怎么办呢？

不过，过了两天，萧何又回来了。一回来他就去见刘邦。

刘邦一见萧何，又高兴又生气，骂道："你怎么也跑了呢？"

萧何说："我没有跑，我是去追逃跑的人。"

远赴巴蜀

刘邦说:"你追谁?"

萧何说:"追韩信。"

刘邦不相信:"胡说!逃跑的将军有几十个了,你都没追,倒去追一个谁都不知道的韩信,你骗谁!"

萧何赶紧说:"别的将军都容易得到,只有那韩信是独一无二的。您要是想安心待在这里当汉王,那您就用不着他。您要是想出去争夺天下,没有韩信是不行的。就看您是怎么打算的了。"

这韩信到底是什么人?萧何竟然这么说。

刘邦的故事

大将韩信

其实,这时候的韩信还只是一个没有名的小人物。除了萧何,几乎没有人知道他的能力。

韩信是楚地淮(huái)阴人,家里很穷。他身上总是带着一把剑,这说明他是一个士,有贵族身份。可是他既不愿意种地,也不愿意做买卖,更没有人请他当官。没有钱,生活不下去了,怎么办呢?他就经常到别人家里去蹭吃蹭喝,因此很多人都讨厌他。

他曾经到一个亭长家里去蹭饭吃。一连好几个月,一到吃饭的时候,韩信准去。亭长的妻子很生气,心想:"我们跟你韩信非亲非故,为什么要我们养着你?"于是,她改变了他们家吃饭的时间,提前吃饭。等韩信来吃饭的时候,他们早就已经吃完了。韩信当然明白人家是什么意思,以后就不再去了。

有一天,韩信在郊外钓鱼,坐了半天一条鱼也没钓上来。因为两天没吃饭了,韩信饿得头晕眼花。

河边有一些老大娘在洗衣服。这些人干活儿很辛苦,经常是一洗就要洗一天,所以,她们中午都带着饭。有一个老大娘看到韩信很饿的样子,很可怜他,就把饭分给他吃。这样一连十几天,天天都这样。

有一天,老大娘对韩信说:"我的衣服已经洗完了,

蹭吃蹭喝 cèng chī cèng hē 不花钱,在别人那里吃喝。
讨厌 tǎo yàn 非常不喜欢。

明天我就不来了。"

韩信说:"谢谢您,将来我一定报答您。"

老大娘生气地说:"大丈夫自己都养不活自己,还谈什么报答别人。我不过是同情你,难道是为了指望你的报答吗?"

那时候,大家都看不起韩信。有一天,淮阴街上有一个卖肉的年轻人想侮辱他,就拦住他,说:"别看你长得又高又大,还整天带着一把剑,其实你不过是一个胆小鬼。"

街上的人都围过来看热闹。

那人对韩信说:"你要是不怕死,就拿剑杀了我;你要是怕死,就从我的裤裆下爬过去。"

韩信看了他半天,然后蹲下来,从他的裤裆下爬了过去。满街的人见到这种情形,都大笑起来,以为韩信真的是一个胆小鬼。

这就是有名的韩信胯(kuà)下之辱。

当然,韩信并不是胆小鬼。很多人受到这样的侮辱,很可能会动怒,马上就会拔刀打架。韩信能够忍受这样的侮辱,是因为他跟别人不一样。他有远大的志向,志向还没有实现,怎么能为这样的小事儿死了呢?

侮辱 wǔrǔ 使对方人格和名声受到损害,让对方丢脸。
裤裆 kùdāng 两条裤腿相连的地方。

刘邦的故事

大将韩信

等到天下大乱的时候,项梁的军队来到淮阴,韩信就提着剑参加了起义军。可是像他这样没有背景的人,只能当一个小兵。没有人知道他的才能,也没有人愿意给他机会表现自己的才能。

后来项梁死了,韩信就跟了项羽。项羽让他拿着戟(jǐ),在帐篷外当站岗的卫士。

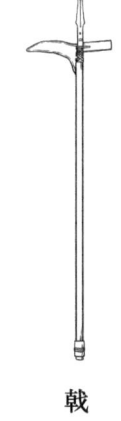

戟

韩信曾经多次给项羽出主意,项羽理都懒得理,他觉得好笑:"你一个站岗的,给我出什么主意呢?"

韩信非常失望,他虽然觉得自己带兵打仗的才能无人可比,可是在项羽的手下,肯定只能当一个小兵了。

这时,刘邦当了汉王。刘邦进关中后,深受老百姓拥护的事儿,韩信早就听说了,对比项羽的残暴,韩信决定离开项羽,在刘邦的部队去巴蜀的时候,他投奔了刘邦。他心里想,将来得天下的一定是刘邦,刘邦现在一定需要自己这样的人才。可是,到了汉营,没有人介绍他,他仍然只能当一个小兵。

后来不知道因为什么事儿,他犯了罪,跟其他14个人要被一起杀头。那14个人一个一个都被杀了头,

站岗 zhàn gǎng 站在指定地方,执行守卫任务。

最后要轮到韩信了。韩信心里想，自己的志向还没有实现，难道就这样死了吗？

他一抬头，看到了一个人。这个人叫夏侯（hóu）婴，韩信知道他是刘邦的亲信，就大声喊道："汉王不是想打天下吗？为什么要杀壮（zhuàng）士呢？"

夏侯婴一听，觉得这话说得不平常，再一看韩信，长得又高又大，跟别人不同，就叫人把他放开。他让韩信过去，跟他谈话。这一谈，夏侯婴竟然发现韩信很有才能。他很高兴，于是决定不杀韩信了，并把韩信介绍给了萧何。

萧何是刘邦的丞相，是刘邦最相信的人。萧何跟韩信谈了好多次，发现韩信真的有大才，对于天下形势、怎么用兵打仗都有非常了不起的看法。他认定，这是个很难得的人才，于是就把韩信推荐给了刘邦。

可是，刘邦根本没放在心上，他不想提拔这样的人当将军。萧何虽然一再向刘邦推荐，可是刘邦就是不重视。萧何叹（tàn）着气，觉得真是没有办法。

军营里逃跑的人越来越多了。韩信心里想："萧何这么推荐我，汉王都不肯重用，看来我真是命苦，在项羽那里得不到重用，在刘邦这里也得不到重用。那

推荐 tuījiàn 向别人介绍有才能的人才。

么就只好走了。"

于是，他准备好干粮，悄悄地骑上一匹马，也离开了汉营。萧何听说韩信跑了，心里着急。这么难得的人才，绝不能让他跑了呀。他赶紧骑上马，连夜去追韩信。幸好，月色明亮，萧何骑着快马，飞跑着追了一天，终于赶上了韩信，把韩信追了回来。

萧何让韩信待在自己家里，自己马上就去刘邦那里，再一次向刘邦推荐韩信。

刘邦说："我当然也想打回老家去，怎么能总在这样的地方呢？"

萧何说："您既然要打回老家去，就一定要重用人才。您要是能重用韩信，他就会留下来为您效（xiào）力。您要是不重用他，他早晚还是要跑的。"

刘邦说："好，看在你的面子上，我就让他做一个将军。"

萧何说："即使您让他做将军，他肯定还是要走的。"
刘邦说："那么，我让他做大将军，行了吧？"
萧何说："那就太好了。"

刘邦立即就想派人去把韩信找来，任命他为大将军。

萧何赶紧说："不行，您对人一向傲慢无礼，现在任命一个大将军就像叫一个小孩儿一样。这正是韩信要离开您的原因。您要是真心想任命他为大将军，就应该选一个好日子，沐浴斋戒，在广场上修起高台，举行隆（lóng）重的仪（yí）式，那才行。"

古人一般只在祭（jì）祖和拜天地的时候，才沐浴斋戒，这是非常隆重的仪式。

刘邦同意了。

直到这时候，刘邦都没见过韩信，更没有跟他谈过话。刘邦同意，是因为他相信萧何。萧何本来一直很听他的话，可是这回不但不听，还真跟他急了，看来这韩信一定是一个了不起的人。

刘邦要拜一个谁也没有听说过的韩信为大将军，这让全军上下都大吃一惊，很多将军心里当然不服气。

拜将仪式结束后，刘邦请韩信坐上座，说道："萧丞相多次向我说起你的大才，根据当前的形势，你认为我应该怎么办呢？"

韩信谢过刘邦后，说道："大王您如今出兵，争夺天下的对手不是项羽吗？"

刘邦说："是的。"

韩信又说："大王您自己估计，您的军队能比得过项羽的军队吗？"

刘邦想了半天，说："比不上。"

沐浴　mùyù　洗澡。
斋戒　zhāijiè　不喝酒，不吃肉，穿干净的衣服，表示尊敬。

大将韩信

韩信站起来,向刘邦拜了两拜,说道:"我也觉得您比不上他。可是我曾经做过项羽的部下,我了解他的为人。项羽大喊一声,能把上千人吓得倒在地上,但是他不能任用有才能的将领,所以这不过是匹夫之勇。

"项羽对人说话和气,谁要是得了病,他会含(hán)着眼泪给人送吃的、喝的。可是等到人家立了功,他却很小气,舍不得封赏人家。所以,他的仁爱不过是妇人之仁。

"项羽不在关中建都,却把都城建在彭城。而且项羽分封不公平,对有的人好,对有的人不好,他把义帝(楚怀王)赶到了江南。大家都对他不满。

"项羽的军队杀人放火,所到之处全都变成一片废墟,天下人都恨他,他早已失去了民心,所以,他的强大很容易变弱。大王您如果跟他相反,大胆使用天下英勇善战的人,那么还有什么敌人不能被打败?您对有功的将士封赏,还有谁会对您不服?

"因为您对老百姓好,所以关中的老百姓都希望您当关中王。您本来应该成为关中王,却被项羽挤到了汉中和巴蜀,秦地的老百姓都对此愤愤不平。秦朝的三个将军因为投降项羽当了关中的王,而项羽却把投

封赏 fēngshǎng 把土地和钱财送给有功的手下。

降的20万秦军将士都活埋了,秦地的很多人家都失去了丈夫、儿子或者兄弟,他们对这三个降将恨之入骨。

"所以,您如果现在发兵去关中,只要发一个通告,用不着打仗,关中就能回到您的手中。您的部下都是东方人,他们日夜希望回家,如果借着他们的这个劲头儿打回去,肯定可以成功。要是等以后天下太平,大家都不想打仗了,那就没有办法了。"

刘邦听了大喜,这才知道韩信确实是大才,后悔认识他太晚了。他马上按照韩信的计划做。

公元前206年,刘邦和韩信带着汉军,没有走原来的路,而是悄悄地绕道,从陈仓的小路翻过山,回到了关中。

因为刘邦去巴蜀的时候已经把栈道烧掉了,所以谁也没想到,他会偷偷地从另一条路回到汉中。出了陈仓,汉军打败了章邯,并且把他围困在废丘(qiū)城,关中的另外两个王不久就投降了。果然像韩信所说的那样,刘邦很快就占领了整个关中。

彭城之败

刘邦的故事

刘邦占领关中后,设立了五个郡,让丞相萧何管理这大后方,鼓励老百姓发展生产,为前方提供粮草和兵员。第二年二月,他就亲自带领大军往东,出函谷关。一路上有很多将领带着自己的部队前来投降,刘邦对他们都加以奖赏。那些带领一万人或者一个郡来投降的,都被刘邦封为万户侯。

刘邦的军队不管走到哪里,都对老百姓很好,因此受到老百姓的拥护。

三月,汉军来到魏国,魏王投降,然后刘邦来到了洛阳。一个老人拦住他的马,告诉他义帝已经被项羽派去的人杀害。刘邦一听,立刻大哭起来。

刘邦为什么哭得那么伤心?他跟义帝的感情特别深吗?

当然不是。刘邦跟义帝根本就不熟。他哭得那么伤心是因为刘邦想让大家一起去攻打项羽,他正在发愁找不到合理的借口。没想到项羽在这时候杀害了义帝,这一下,借口来了。他马上就抓住机会,做起秀来,为义帝设祭,哭了三天,说要为义帝报仇。

刘邦派出使者,通告天下,说:"义帝是我们共同立的,我们都是他的臣(chén)子,可是项羽竟然杀了义帝。现在我调集关中的所有军队,跟你们一起去打这个杀害义帝的家伙。"

各地纷纷响应,攻打项羽的队伍一下子有了56

彭城之败

万人。

项羽这时候正带着他的主力,在北面跟田荣作战。(见本丛书《项羽的故事》)他在都城彭城只留下了很少的军队,他没想到刘邦会这么快就打过来。

刘邦带着大军一下子就占领了彭城。刘邦心想,这下好了,项羽连彭城都丢了,想不到项羽这么不经打,看来,自己很快就可以打败项羽,夺得天下了。刘邦心中高兴,这让他忘乎所以了。

项羽的宫殿中放满了抢来的金银财宝和美酒,还有从咸阳皇宫中抢来的那么多美女。刘邦本来就是一个"好酒及色"的家伙,这一下子他再也管不住自己,天天在项羽的宫中请人喝酒作乐,常常喝得大醉,还天天跟美女们鬼混。什么叫享(xiǎng)乐?他觉得这就是享乐,他也要过一过享乐的日子。

当然,很多明白人都觉得这样不行,都试着劝他。可是这时候谁劝他,他都不听。他本来计划打下彭城以后,马上就把仍然在家乡的父亲和妻子以及两个孩子接到彭城,跟自己住在一起。他的家乡就在沛县西边,离彭城很近。可是他一进彭城,天天喝酒喝得醉醺醺的,早就把这事儿忘在脑后了。

再说项羽,听说彭城被刘邦占领,心中大怒。他留下大部队继续跟齐国作战,自己带领三万骑兵,飞快地赶回彭城。

刘邦的军队有56万人呢,项羽带三万人就够了吗?

项羽根本没把刘邦放在眼里:"刘邦这样的人带兵,再多的军队都没有用。"

项羽绕过彭城的东面和北面,突然进攻彭城的西面。刘邦做梦也没想到项羽会从西面进攻,他不是在齐国吗?齐国在彭城的北面呀。刘邦在北面和东面安排了很多军队,偏偏西面没什么军队。

项羽的三万骑兵像潮(cháo)水一样冲进了彭城。刘邦的军队一下子失去了指挥,士兵们谁也管不了谁,只顾自己逃命,城外正好是谷(gǔ)水、泗水两条河交汇的地方,许多人被赶入河里淹(yān)死了,这样被杀的人就有十多万。

还有一部分败军向南逃进了山里。

楚军继续追击,把汉军追到睢(suī)水边上。前面有大河,后面有追兵,士兵们无路可逃,十多万人纷纷跳进了河里,连河水都被堵住流不动了。

刘邦自己也被楚军包围,楚军围了一层又一层,刘邦已经不可能逃走了,眼看着自己就要被楚军抓住。这时候忽然刮起了大风,飞沙走石,大树被拔了起来,屋顶被吹走了,天黑得伸手不见五指。这阵大风向楚

交汇　jiāohuì　河流会合到一起。

彭城之败

军刮了过去。楚军一下子乱了,纷纷逃开。趁着这个机会,刘邦带着几十个随从,冲出包围,逃走了。

这是真的吗?这是什么风?怎么会有这样的风,正好在这时候刮起来,而且只刮向楚军,不刮向刘邦,好像是老天专门来救刘邦似的。反正,《史记》是这样写的。

总之,刘邦逃走了,没有被抓住。逃走是逃走了,刘邦这一次可真是够丢脸的,56万大军被项羽的三万军队打得落花流水,死了20多万人,自己也差一点儿被抓住。唉(ài),真是丢人丢到家了。

刘邦的马车冲出包围以后,拼命地往西跑,西边是他的地方。可是,项羽的骑兵仍然在后面紧追不放。

刘邦这时候想起来了,他的父亲、妻子和孩子都还在老家。经过那里的时候,他想把家里人带走,要不然他们会落入项羽的手里。可是到家里一看,一个人也没有,不知道他们逃到哪里去了。

刘邦只好不管他们,继续往西逃。

路上到处都是逃难的老百姓,刘邦忽然在人群里看见了自己的儿子和女儿。他赶紧让他们上了自己的车。

"爷爷和娘呢?"刘邦问道。

"不知道,在路上就找不到他们了。"儿子和女儿哭着说。

过了一会儿,刘邦站在马车上往后看,远远地看见楚军追上来了。

"快点儿,快点儿!"刘邦不断地催着赶马车的夏侯婴。

夏侯婴已经尽了最大的努力,他也很着急,嘴里大声喊着。可是刘邦还是觉得马车跑得太慢。

一定是车上人太多了,所以马车跑不快。刘邦一着急,竟然把儿子和女儿推下了车。夏侯婴回头一看,赶紧停下车,跳下车去,把孩子们抱上车。

过了一会儿,刘邦又把孩子们推下了车,夏侯婴又下车把孩子们抱上来。这样一连好几次。夏侯婴对刘邦说:"就算情况紧急,车子跑不快,也不能把孩子们扔了呀!"

这一次刘邦的运气还不算太坏,最后总算被他逃脱了,他逃到了自己的地方,保住了命。

刘邦的父亲和妻子在哪儿?

他们跟孩子们逃散以后,正好碰到项羽的军队,有人认出了他们。他们就被抓走了,被项羽当作了人质(zhì)。

彭城之败

楚汉争战

刘邦的故事

刘邦逃到自己的地方以后,又集合起一些在彭城被打散的士兵,带着他们到了荥(xíng)阳。这时,韩信也集合了一些被打败的队伍,来荥阳跟刘邦会合。他们在荥阳以东打败了楚军的追兵,在荥阳建立起了防线,从此楚军再也没能往西一步。

投靠刘邦的各国军队,看到刘邦被打得大败,又都离开了刘邦,纷纷投靠了项羽。魏王也是最近投靠刘邦的,一到荥阳,他就向刘邦请求回魏国。可是他一回到魏国,马上就跟项羽联合反对刘邦。

刘邦很生气,派韩信去打魏王。

魏王把重兵集结在汉军的必经之路上。可是韩信没有从正面进攻,他只是装出要从正面进攻的样子,自己带着主力偷偷地从别的地方渡过黄河,一下子占领了魏国的后方,魏王大败,被韩信活捉。

韩信很快就攻下了魏国所有的地方。刘邦在魏地设立了三个郡,并且立刻派人来调走韩信的精兵,把他们带到荥阳去抵抗项羽。韩信没办法,只好自己再征兵,组织军队。

接着,刘邦命令韩信往北,去攻打赵国和代国,并且派张耳帮助韩信。

韩信很快就平定了代国,刚要去攻打赵国,刘邦又派人来,把韩信刚训练好、有了作战经验的部队调到荥阳前线去了。韩信又没有军队了。

楚汉争战

韩信没有生气,他知道荥阳前线吃紧,他支援荥阳是应该的。于是他再征兵,又征集起几万人来,经过简单的训练后,准备出井(jǐng)陉(xíng)口,进攻赵国。

井陉是在两山之间的一条小路,路很窄(zhǎi),窄得两辆车不能并行,而且这条小路很长,要走一天才能通过。韩信很担心这样的地形对自己不利,万一赵军在这里埋伏,自己一定会大败。

不过,韩信听说赵国丞相陈余(yú)把20万赵军集结在井陉的出口,准备跟自己决战,这让韩信放心了一点儿。

赵国有一个将军叫李左车,他对陈余说:"韩信的军队通过井陉,粮草一定在后面。请您给我三万人,我到后面去切断他们的粮草供应。您在前面只管加固(gù)工事,坚守营地,不用跟他们开战,他们军中无粮,进又进不得,退又退不得,这样不出十天,韩信和张耳的人头就可以送到您面前。"

陈余是一个书生,平时总爱说一些仁义之师,不可以用欺骗的手段之类的话。听了李左车的话,他摇摇头,说:"兵书上说,如果兵力超过敌人十倍,就可以去包围他们,如果超过敌人一倍,就可以同他们决战。现在韩信的军队号称几万,实际上不过几千人,而

埋伏 máifú 在敌人要经过的地方,安排军队,突然出来打敌人。

且又是走了很远的路来打我,他们已经很累了,对这样的敌人还避而不打,天下人就会说我们无能了,以后有更强大的敌人还打什么?那时候谁都会来欺负我们了。"

他没有听李左车的劝告。

韩信早就派人在赵国打听情报,他们回来向韩信报告,说李左车的建议没有被采用。韩信大喜,立即下令全军通过井陉。

出了井陉口,韩信下令全军休息。

到了半夜时分,韩信挑选了2000名骑兵,让他们每人手拿一面汉军的旗子,从小道上山,躲在山上。韩信对他们说:"两军打起来以后,赵军看到我军败退,就一定会全部出来追赶我们。你们趁着这个机会,飞快跑入赵营,拔掉赵军的旗子,插上汉军的旗子。"

韩信传令全军吃早饭,他对大家说:"现在先吃一点儿,等打败了赵军再正式吃早饭。"

这么容易就能打败赵军吗?大家都不相信。

韩信先派出一万人渡过河,在河边上排了一个背水阵。赵军看了大笑起来,背水排阵是兵家最不应该做的,看起来汉军根本不会打仗。

天亮的时候,韩信的大军也出发了,前面的人打着"大将军韩"的军旗。

赵军一看韩信出来了,于是打开营门冲出来,两军开始交战。打了一阵子以后,韩信下令:后退!

楚汉争战

于是,汉军扔下旗子、战鼓之类的东西,连"大将军韩"的旗子都扔了,回过头来就跑,跑到河边,没有地方可跑了,只好转过身来继续战斗。

赵军一看汉军被打败了,连军营里的士兵都冲了出来。士兵们没心思去追汉军,他们都去捡扔在地上的汉军旗子、战鼓等东西,在战争中得到这些东西是可以领到很多奖赏的。

可是汉军又冲过来了,这一次,汉军士兵比刚才更加勇猛(měng),个个都拼死作战。赵军害怕了,想退回军营里去,可是他们发现自己的军营里竟然插着汉军的旗子,军营已经被汉军占领了。

赵军军心大乱,士兵们都四散逃命去了。赵军的将领想不让士兵们逃跑,可是已经无能为力。这时,赵营中的2000汉军骑兵也冲出来,赵军大败,陈余被杀死。

韩信下令,不准杀死李左车,谁能捉到李左车有赏。

不久,李左车就被绑(bǎng)着带来了。韩信非常欣赏李左车的军事才能,要是陈余听了李左车的意见,今天被杀的就是韩信了。

韩信走过去亲自为李左车解开绳子,并请他坐上座,自己坐在下面。

将军们问韩信:"当时您叫我们背水排阵,按兵法是不应该这样的,我们都很担心,为什么能打胜呢?"

欣赏 xīnshǎng 觉得很好,很喜欢。

韩信说:"你们想一想,我们的士兵都是新兵,没有受过训练,也没有作战经验,他们就是一群老百姓。我们的人数又少,如果他们能够逃跑,早就跑光了,还能指望他们作战吗?所以,必须让他们知道没有地方可逃,只有拼命作战才能求生。兵书上说,置(zhì)于死地而后生,就是这个道理。"

韩信问李左车:"接下来我想北上攻燕(yān)国,东进攻齐国。你觉得应该怎么做才能成功呢?"

李左车说:"将军您一路上打了很多胜仗,不到一个早上就打败了赵国20万大军,您现在已经名扬四海,让天下人害怕了。可是您的士兵已经很疲劳了,他们不能再打仗。如果您硬要带着他们去打燕国,到时候燕国人靠城墙死守,您一时打不下来,军中的粮食又供应不上,那就很危险了。燕国都打不下来,更不要说齐国了。这样拖下去,中原战场跟项羽的战争就很难取胜了。"

韩信问道:"那我应该怎么办呢?"

李左车说:"您不如暂时停战,在赵国好好安抚(fǔ)老百姓,这样您就会很得民心。经过一段时间休整以后,您再把军队向北摆开,做出要向燕国进攻的样子,然后派一个人拿着您的信去燕国,让他们投降。我想他们不敢不投降。燕国投降以后,齐国也会投降。"

韩信觉得李左车说得很对,就采取了他的意见。后来,燕国果然投降了。

楚汉争战

刘邦的故事

这时候,刘邦在荥阳又被项羽打败,只带了几个人逃出来,逃到了赵国。他跟夏侯婴一起在一个早晨悄悄地进入韩信的军营,夺走了韩信的兵。他任命张耳为赵王,让韩信去攻打齐国。

刘邦把军队都带走了,韩信又没有兵了。他只好再招(zhāo)兵买马,组织起一支新的军队来。

刘邦为什么不让韩信去打项羽?

因为刘邦想从四面包围项羽,所以打下北面的赵国和东面的齐国非常重要。只有韩信能够担当这样的大任。

项羽的南面是九江王英布。英布自从当了九江王以后,就不想什么都听项羽的了。项羽叫他出兵一起去打齐国,英布说自己生病,只派了一个将军,带着几千人马来帮项羽。项羽因此对英布非常不满。

刘邦马上抓住了这个机会,派人去劝英布投降刘邦,共同反楚。刘邦答应,如果英布投降,仍然可以当王。

于是,英布投降了刘邦。项羽大怒,分兵去攻打英布,这样一来,就大大减轻了刘邦的压力。后来英布被打败,逃到了刘邦那里,刘邦又帮他重新组织起军队,继续对抗项羽。

刘邦还让彭越在项羽的后方不断地找麻烦,切断楚军的粮道,使项羽不得不两头来回应付。

最终,刘邦渐渐地完成了对项羽的包围,并且包围圈越来越小。

决战垓下

虽然刘邦完成了对项羽的包围,可是在中原的正面战场上,刘邦却一次又一次地败给了项羽。幸好,刘邦有关中和巴蜀作为大后方,萧何能不断地把战争需要的粮草和兵员送到前线来,使刘邦能够很快恢复元气,重新整编队伍跟项羽再战。

彭城大败后,萧何及时地从关中送来了士兵,连还没有成年的孩子和已经超过年龄的老人也都征集来了。萧何不懂打仗,可是他是一位难得的管理人才。他为刘邦尽心尽力地经营着后方,使关中和巴蜀的老百姓生活安定,生产得到了发展。因此,刘邦在跟项羽对抗的四年中,不需要为粮食和战争物资发愁。

公元前203年,韩信打下了齐国。项羽派手下的猛将龙且(jū)带领20万大军去齐国打韩信。

龙且根本看不起韩信,他觉得韩信不过是个胆小鬼,很容易对付。于是两军在潍(wéi)水河两岸摆开阵势,准备大战。

韩信连夜派人用一万条大口袋装满土,堵住潍水的上游,等河里没有水了,就带领军队过河,汉军过到一半时,前面就跟楚军打起来了。

两军相持了一会儿,韩信假装被打败,命令后退。汉军纷纷走过河退回去了。龙且大喜,心想这个家伙果然没什么本事,于是命令全军追击,楚军也开始过河。

韩信在河上游的人马上拿开堵水的沙袋,河水一

决战垓下

下子冲了下来,这时龙且的楚军大部分已经过了河,回不去了。韩信马上命令部队回过头来打楚军。过了河的楚军心慌意乱,被汉军全部消灭,龙且也被杀死。还没过河的楚军看到这种情况,也都逃走了。项羽的20万楚军就这样被韩信消灭了。

韩信打下齐国后,派人去对刘邦说,希望刘邦封他为假齐王,要不然自己不好管那里的事儿。

刘邦刚吃了败仗,一听这话,非常生气,骂道:"我被困在这儿,日夜希望你来帮我,你不来帮我,倒要自己称王!"

张良在暗中踩了一下刘邦的脚,在他耳边小声说:"我们正处在不利的情况下,怎么能禁止韩信称王呢?不如趁势立他为王,让他守好齐国,不然他就要出大事了。"

这时,刘邦自己也忽然明白过来了,马上改口说道:"大丈夫要当就当真王,当什么假王!"

于是他派张良去齐国,宣布韩信为齐王,同时又把韩信的兵调走了。

项羽失掉了龙且和20万大军,心中恐慌。他派了一个人去劝说韩信,让韩信不要帮刘邦,那人对韩信说:"要是项王被消灭,下一个就该轮到您了。您为什

宣布 xuānbù 公开对大家说。

么不和项王联合,以后自己称王呢?"

韩信说:"我曾经投奔项王,不过是当一个卫士,项王不用我的计,所以我投奔了汉王。我一到汉营,汉王就让我当大将军,统领几万人马。他脱下自己的衣服给我穿,分出自己的饭食给我吃,对我言听计从,我才能有今天这样的成就。汉王对我这样信任,我要是再背叛汉王,那是不会有好下场的。因此,我到死也不会改变对汉王的忠(zhōng)心。"

项羽的人刚走,又有一个叫蒯(kuǎi)通的人来劝韩信脱离刘邦,他说:"现在项羽和刘邦两个人的命运就掌握在您手里。您如果帮助刘邦,刘邦就会胜利;您如果帮助项羽,项羽就会胜利。我劝您谁也不要帮,您现在有齐国,还有赵国和燕国,您可以跟他们三分天下,以后全天下的人都会服从您。"

韩信说:"汉王对我非常好,我怎么能见利忘义呢?"

蒯通说:"友谊(yì)这种东西是靠不住的。当初陈余和张耳是生死之交的朋友,可是他们后来结了仇,在您进攻赵国的时候,张耳把陈余杀死了。文种和范蠡(lǐ)帮助勾(gōu)践(jiàn)复国,可是后来范蠡逃走了,文种被勾践杀死。(见本丛书《越国的故事》)野兽

言听计从　yántīng-jìcóng　非常信任对方,对方说的话、出的主意自己都听。
背叛　bèipàn　反对原来的一方,站到敌人的那一边。

决战垓下

(shòu)一打完,狗就要被杀掉。如果一个人很勇猛、很有才能,让他的主人感到吃惊,那么他自己就非常危险了。一个人的功劳如果大到独一无二的地步,那么他就再也得不到赏赐。您已经立了这么多功劳,作为一个臣子,您让主人感到害怕,我真替您担心。"

蒯通并不是项羽派来的,他的话很有道理,说得韩信有些紧张。可是韩信仍然不忍心背叛刘邦,他认为自己功劳大,刘邦不会把他的齐国夺走。于是,他拒绝了蒯通的劝告。

再说刘邦,已经在中原跟项羽相持好几年了,双方都打得精疲力尽。青年男人都被抓去当兵打仗,老人、孩子也被拉去运送粮草,老百姓吃尽了苦头。

刘邦的父亲和妻子在项羽那里当了四年人质,刘邦派人去见项羽,请项羽把自己的父亲放了。项羽当然不答应。

刘邦只好再派人去说,如果放了他父亲,他就不跟项羽打了,二人平分天下,以鸿沟为界,鸿沟以东是项羽的,鸿沟以西是刘邦的。

这时候刘邦人多粮足,而项羽的楚军已经兵疲粮尽了,再打下去对项羽很不利,因此项羽答应了刘邦的条件,跟刘邦约定各自退兵。

项羽把刘邦的父亲和妻子都放了,然后就带着楚军离开前线,准备回自己的楚国去。刘邦也下令退军西行。

刘邦的故事

决战垓下

这时候,张良和陈平对刘邦说:"我们已经打下了整个天下的一大半,项羽已经兵疲粮尽。这是我们消灭项羽的最好时机,如果我们错过这个机会,就等于留着老虎,让它以后来咬我们。"

刘邦想了想,觉得他们俩说得对,于是就采用了他们的意见。

公元前202年,刘邦带领大军转过身来,去追击楚军。

项羽非常生气:"刘邦也太无赖了吧,骗我放了他的父亲和妻子,然后转过身又来打我。他以为我兵疲粮尽好欺负是吧?我今天非要教训教训他。"

刘邦本来跟韩信和彭越约好,让他们两人各自带着自己的部队,同时从东面攻击楚军。可是,当刘邦到达固陵(líng)的时候,韩信和彭越根本就没有来,项羽一下子又把刘邦打得大败而逃。汉军逃入营地,深挖沟,坚守不敢再出来。

这时候,项羽都兵疲粮尽了,刘邦仍然打不过项羽。可是刘邦却越打越有信心。因为韩信平定了赵国和齐国,九江王英布也投降了刘邦,他已经完成了对项羽的包围。项羽不过是一个武夫,不知道经营后方,他的军队越打越少了。所以,打败项羽是迟早的事儿。

可是眼前的事儿却让刘邦发愁,他问张良道:"韩信、彭越不来怎么办呢?"

张良说:"项羽眼看就要被消灭了,可是韩信、彭越这些人还没有得到好处,他们不来是很正常的。如果您舍得跟他们共分天下,那他们马上就会来。如果您舍不得那样做,那消灭项羽的事儿就很难说了。"

刘邦说:"好,就照你说的办。"

他马上派人对韩信和彭越说:"打下楚地以后,从陈县一直到海边的地方全部给韩信。从睢阳往北一直到谷城,都给彭越。"

结果,韩信和彭越立刻就表示:"我们马上就出兵。"

固陵之战失败后,刘邦派人去游说项羽的大司马周殷(yīn),结果周殷也背叛了项羽,跟英布一起从南面包围项羽。

项羽的楚军被四面包围。

楚军驻扎在垓(gāi)下,这时兵力又少,粮食也没有了。

汉军五路大军,一共有60万人,四面合围楚军。韩信带着30万大军作为主力,正面对着项羽,项羽这时大约还有十万人。

第二天,双方开始了一场恶战,汉军虽然损失很大,但是楚军最后只剩下了两万人。楚军只好退回到营地中。

晚上在汉军的营地里,刘邦让士兵们一起唱楚地的民歌。楚军士兵听到家乡的民歌,以为家乡已经全

决战垓下

被汉军占领,于是军心动摇,士兵们纷纷逃跑,连将军们也觉得没有前途,跟着逃走了。

刘邦下令,不许追赶逃跑的楚军士兵。于是,项羽的军营差不多变成了一座空营。

项羽知道大势已去,他觉得这是老天爷要灭他。他心爱的女人虞(yú)姬(jī)为了让项羽没有牵挂地突围,自杀了。项羽埋好虞姬以后,带着剩下的800人也偷偷地离开了军营。

天亮以后,汉军士兵们发现项羽的兵营里一个人也没有,连项羽都跑了。他们赶紧报告刘邦。刘邦急忙命令5000骑兵往南去追赶项羽,决不能让项羽跑掉。只要项羽还活着,刘邦就睡不着觉。

结果项羽被汉军追上,在乌(wū)江边上自杀了。(见本丛书《项羽的故事》)项羽一死,楚地纷纷投降,楚汉战争结束。

汉高祖

项羽死后,刘邦统一了天下。他会不会像在彭城时那样,得意忘形,一心只想享乐?

不会。这时候的刘邦比以前有经验了,他知道现在最危险的人是韩信。于是,他马上就跑到韩信的兵营去,夺走了韩信的兵权(quán)。不久,他又把韩信改封为楚王。

韩信这个人太可怕,他的军事才能无人可比,他的功劳太大,如果让他继续掌握着30万大军,说不定他就是下一个项羽。

这一点,蒯通说得对,韩信虽然并没有背叛刘邦,可是刘邦仍然不相信他。

公元前202年,刘邦当了皇帝,国号为"汉",这就是汉朝。这一年他54岁。刘邦从一个游手好闲的平民老百姓,成为一个新朝代的皇帝,只用了六年时间。

刘邦把都城定在洛阳。后来,他听了一些人的建议,又把都城搬到了关中的咸阳,并改名为长安。

在洛阳的时候,刘邦举行宴会,请手下的大臣们来共同庆祝胜利。

刘邦说:"你们说真话,我为什么能取得天下,项羽为什么丢了天下?"

有人说:"您虽然傲慢,喜欢骂人,但是派人出去攻城占地时,谁获得了什么,您就赏给他,跟天下同利。项羽跟您正好相反,不肯跟别人同利,所以他失

汉高祖

去了天下。"

刘邦说:"不对,你们只知其一,不知其二。要说运筹帷幄,决胜千里,我不如张良;要说守后方,安抚百姓,给前方运送粮草,保证供应不断,我不如萧何;要说统兵百万,战必胜、攻必取,我不如韩信。这三个人都是人中的豪杰,我能够重用他们,这才是我能得天下的原因。项羽只有一个范增,还不能用他,所以他最后失败了。"

话虽这样说,可是他手下的将领们关心的是,刘邦当了皇帝,他们自己能得到什么好处。所以,刘邦必须论功行赏,分封天下。

可是,封了20多个人以后,就封不下去了。大家都争着说自己的功劳大,谁也不让谁,争来争去,争了一年多,都没有结果。这真是一件让人头疼的事儿。想当初项羽分天下,因为分得不公平,结果战乱又起。刘邦知道,自己要是分得不公平,也会有很多麻烦。

有一次,刘邦在洛阳南宫的楼上往外看,看见将领们三三两两地坐在沙地上不知在说什么。

他问身边的张良:"这些人在说什么?"

张良说:"您还不知道吗?他们正在商量着怎么造反呢!"

运筹帷幄 yùnchóu-wéiwò 决定怎么打仗,怎么指挥军队。
豪杰 háojié 了不起的人,特别有才能的人。

刘邦问："天下刚刚安定下来，他们为什么要造反？"

张良说："您出身平民百姓，靠他们打下了天下，现在您只封了萧何、曹参等几个老朋友。多数人怕封赏轮不到自己，又怕自己过去有过什么过失，您会杀掉他们，所以就一起商量着要造反。"

刘邦一听很着急，问道："那怎么办呢？"

张良说："您平常最恨的是谁？"

刘邦说："是雍（yōng）齿，他跟我有旧仇，他曾经多次反对我，让我受到侮辱。我总想杀他，可是他又立过很多功，所以我一直不忍心杀他。"

张良说："那就赶快封赏雍齿。其他人一看，连雍齿都受封赏了，就安心了。"

于是，刘邦第二天就大摆酒席，封雍齿为什（shí）方侯，并且当众催丞相，赶快给大家定功劳，赶快封赏。这以后，将领们的心才安定下来。

这时候，有人来举报说楚王韩信要造反。

刘邦最怕韩信造反，虽然举报信中并没有证据，但是刘邦还是想趁此机会收拾韩信。

实际上，韩信这时候的处境非常危险。无论他是不是真的想造反，只要他对谁不好，这个人就会跑到刘邦那里举报他造反。谁都知道，刘邦正想收拾他。

于是，刘邦借口到南方巡视，要韩信来见他。按规定，当地的王侯们应该到边境上去迎接皇帝。

汉高祖

所以，刘邦正好趁这个机会，把韩信抓了起来，带回了都城。

韩信不服气，说道："古人说的果然不错，现在天下已经平定，我这样有功的人也就该死了。"

刘邦说："有人告你造反。"

韩信大喊冤枉，说："我没有造反。"

刘邦也知道韩信并没有造反，所以他没有杀韩信。但是韩信在外边待着，刘邦就睡不着觉。所以，他趁这个机会把韩信降了两级，从楚王降为淮阴侯，而且不许韩信去淮阴，只能在都城待着。

有一次，刘邦跟韩信谈带兵打仗，刘邦问道："你看我能带多少兵？"

韩信说："您最多能带十万兵。"

刘邦问："那么你呢？"

韩信说："我是越多越好。"

刘邦笑了："既然你本事那么大，为什么会被我活捉呢？"

韩信说："您虽然不善带兵，但是善于带将，这就是我被您活捉的原因。再说，您得天下，那是天意，不是人力可以改变的。"

冤枉　yuānwang　没有做坏事儿，被别人说做了坏事儿。

汉高祖

韩信虽然是个军事天才，可是他没有政治头脑。这个时候他仍然自高自大，不知道急流勇退。他觉得刘邦对他不公平，所以心里怨恨，不高兴，觉得没面子，内心很不满，他觉得自己现在跟樊哙这些人待在一起很丢人。于是，他长期请病假，不去上朝。

后来，一个叫陈豨（xī）的将领被任命为赵国的丞相，要去统领边境的军队。陈豨也是一员战将，跟韩信关系很好，他临行前去向韩信告别。

韩信把他拉到院子里，跟他说："你去的地方聚集着国家的精锐（ruì）部队，你手里又有兵权。你去了以后，一定会有人告你造反。无论你反不反都会有人去告你。第一次有人告你，皇上可能不相信；第二次有人告你，皇上就会将信将疑；第三次又有人告你造反的时候，皇上一定会大怒，带兵去打你。

"那时候，你反也得反，不反也得反。要是你被逼得造反，不如你事先计划好，反他一下。如果你造反，我就在这里也造反。那时候天下就是我们的了。"

后来，陈豨果然反了，自称大王。刘邦大怒，亲自带兵去打陈豨。他让吕后和萧何留守都城。

韩信这时候没有军队，他想把监狱里的犯人放出来，去攻打皇宫。他正在计划这件事儿的时候，他手

监狱 jiānyù 把有罪的人关起来的地方。

下有一个人向吕后告发了韩信的造反计划。

情况紧急,吕后很害怕,赶紧找萧何商量。萧何给她出主意:把韩信骗进皇宫,然后杀了他。

萧何先派出一个人,假装是从刘邦那里来的,报告说陈豨已经被抓住杀死了,让官员们都入朝去祝贺。萧何自己亲自到韩信家里去,骗韩信说:"即使你生病了,还是应该去一下,进一次宫吧。"

韩信相信萧何,再说他也想知道陈豨怎么这么快就被杀了呢?于是,他跟着萧何进了皇宫。韩信一进皇宫,吕后就下令把他抓起来,马上把他杀了。韩信临死的时候说,后悔当初没听蒯通的话。韩信本来是不想造反的,但是他最后还是因为造反被处死。

韩信得到刘邦的信任是因为萧何的尽力推荐,后来被杀也是因为被萧何骗进皇宫。所以,后人说他是"成也萧何,败也萧何"。

刘邦打败陈豨回来以后,吕后告诉他,韩信已经被她杀了,刘邦是又高兴又觉得可惜。

刘邦后来还杀掉了淮南王英布、梁王彭越等人,他们有的是真造反,有的并没有造反。而且连樊哙这样对他那么忠心的人,都差一点儿被他杀掉。因为这些手握兵权的猛将,刘邦都不放心。

萧何不是武将,没有兵权,可是他的权力太大了,刘邦也会怀疑。不过萧何跟韩信、彭越这些人不同,

汉高祖

他有政治头脑，知道怎么保全自己。

早前汉军在荥阳一带跟项羽相持不下的时候，刘邦曾经一再派人去向萧何表示慰问。萧何觉得奇怪，心里想："我在后方，汉王为什么来慰问我呢？"

萧何手下的人说："汉王自己在战场上出生入死，自己都顾不过来了，却一连几次派人来慰问您，这是因为他怀疑您了。我觉得您不如把您的子孙（sūn）、兄弟全部送到前线去。这样汉王就对您更加放心了。"

萧何赶紧按这个主意办，把自己家族的30多人送到了前线。刘邦果然很高兴。

刘邦亲自领兵去打陈豨的时候，听说韩信已经被杀，就派人到长安，拜萧何为相国，并且派500名士兵作为相国府的卫队。

大臣们都来向萧何祝贺，但是有一个人却对萧何说："您的灾难恐怕要开始了。皇上在外边亲自征战，您在朝中什么危险也没有，皇上却给您增加领地，派这么大的卫队，这是因为皇上看到韩信造反，因此也怀疑到了您。希望您不要接受皇上的封赏，您应该把您的全部财产拿出去帮助军队。"

萧何听了，赶紧照这个意见办。刘邦果然对萧何大加赞赏。

慰问　wèiwèn　问候别人，对别人的辛苦工作表示感谢。
赞赏　zànshǎng　认为别人做得好，表示自己很喜欢他们。

过了一年，英布造反，刘邦又亲自领兵去打英布。这期间，他几次派人回到长安慰问萧何。萧何很感动。皇上年纪大了，身体又不好，还在军中吃苦，萧何觉得自己就应该更加努力。他跟以前一样，把自己的家产拿出去帮助军队。

这时，又有一个人对他说："您离灭族不远了。您的职位已经是相国，不可能再高。从您一进关中，老百姓就拥护您，到现在十多年了。今天您还努力地去让老百姓喜欢您，皇上几次派人来慰问您，是怕关中的老百姓拥护您呀。您现在应该赶紧做一些损害老百姓利益的事儿，来降低自己的声望。这样，皇上就会高兴了。"

萧何按这个主意做了，刘邦果然放心了。

刘邦消灭了英布回长安，萧何建议刘邦开放上林苑（yuàn），让老百姓进去种地。上林苑是皇帝打猎（liè）的地方，刘邦一听大怒，说道："你收了商人多少钱，竟敢替他们来向我要上林苑。"于是他把萧何拿下，关进了监狱。

过了几天，有人陪刘邦闲坐时，问起为什么把萧何关起来，刘邦说："他接受商人的钱，来替他们向我要上林苑，自己讨好老百姓，所以我把他关起来了。"

那人说："萧何为您管理关中和整个国家很多年了，他不在那时候为自己谋大利，到今天还会接受商人们的这么一点儿钱吗？"

汉高祖

刘邦听了以后，知道自己错了，觉得很惭愧，就派人把萧何放了出来。

在刘邦的所有手下中，只有张良没有被刘邦怀疑。张良在下邳的十年中，除了研究兵法，还研究道家学说，知道应该清静无为。他只是个谋士，帮刘邦出出主意，没有实权。

刘邦当皇帝以后，张良知道应该功成身退了。所以刘邦封给他齐地三万户的时候，张良不要那么多，他只要一个小小的留县就行了。于是，刘邦封张良为留侯。

张良本来就体弱多病，刘邦当皇帝后，他就说自己生病，闭门不出，整天在家里练习道家的气功，他可以好几天不吃东西。对这样的人，刘邦当然很放心。

刘邦重新统一了天下，开创（chuàng）了长达400多年的汉朝统治。汉朝是中国历史上一个强盛（shèng）的朝代。刘邦当皇帝后，对老百姓比较好，国家很快恢复了生产，经济得到发展，老百姓的日子好过多了，国家也很快强大起来。

公元前195年，刘邦死了，那年他62岁，后人称他为汉高祖。

惭愧 cánkuì　知道自己做错了，觉得很不应该，所以不好意思。
研究 yánjiū　学习并且想知道更多的。

生词表

B		
报仇	bào chóu	15
背叛	bèipàn	70
不吉利	bù jílì	36

C		
财宝	cáibǎo	22
残暴	cánbào	2
惭愧	cánkuì	87
仓库	cāngkù	24
蹭吃蹭喝	cèng chī cèng hē	42
丞相	chéngxiàng	24

D		
抵抗	dǐkàng	21

F		
废除	fèichú	25
废墟	fèixū	36
封赏	fēngshǎng	49

G		
鬼混	guǐhùn	4

H		
豪杰	háojié	79

J		
监狱	jiānyù	83
交汇	jiāohuì	54
酒徒	jiǔtú	16

K		
裤裆	kùdāng	43

M		
埋伏	máifú	61
谋士	móushì	20
沐浴	mùyù	48

N		
内奸	nèijiān	26

P		
偏僻	piānpì	36
破费	pòfèi	25

S		
税	shuì	6

搜查	sōuchá	29

T

逃亡	táowáng	28
讨厌	tǎo yàn	42
投奔	tóubèn	12
投降	tóuxiáng	17
推荐	tuījiàn	46

W

慰问	wèiwèn	85
无赖	wúlài	3
侮辱	wǔrǔ	43

X

谢罪	xiè zuì	26
欣赏	xīnshǎng	63
凶狠	xiōnghěn	6
宣布	xuānbù	69

Y

言听计从	yántīng-jìcóng	70
研究	yánjiū	87
拥护	yōnghù	25
游手好闲	yóushǒu-hàoxián	3
冤枉	yuānwang	82
运筹帷幄	yùnchóu-wéiwò	79

Z

赞赏	zànshǎng	85
斋戒	zhāijiè	48
站岗	zhàn gǎng	45
账	zhàng	4
智慧	zhìhuì	33
驻扎	zhùzhā	22

附录：第三级 1200 字表

A

阿 啊 挨 矮 爱 安 岸 按 暗 傲

B

八 吧 拔 把 爸 白 百 摆 败 拜 班 般 搬
板 办 半 帮 傍 包 宝 饱 保 报 抱 杯 北
备 背 倍 被 本 笨 逼 鼻 比 笔 必 闭 避
边 编 倍 便 变 遍 部 表 别 冰 兵 饼 并 病 脖
补 不 布 步

C

擦 猜 才 材 采 彩 踩 菜 参 餐 藏 草 厕
层 插 查 茶 差 拆 柴 产 长 尝 常 场 唱
抄 超 朝 吵 车 尘 沉 晨 称 趁 成 承 诚
城 乘 程 吃 池 迟 持 尺 齿 冲 虫 床 丑
臭 出 初 除 楚 处 穿 传 催 窗 错 吹 春
词 此 次 刺 从 聪 粗 村

D

达 答 打 大 呆 代 带 待 袋 戴 单 担 胆
但 弹 淡 蛋 当 挡 刀 导 岛 倒 到 道 得

91

店 点 第 递 弟 地 底 敌 低 等 灯 的 德
冻 懂 冬 东 定 丢 订 顶 跌 掉 调 钓
短 动 端 度 肚 多 独 抖 斗 都 洞
段 渡 朵 顿 对 队 堆 断

躲

E
鹅 恶 饿 儿 而 耳 二

F
发 法 翻 烦 反 犯 饭 方 防 房 访 放 飞 服
非 费 分 纷 粉 份 奋 愤 风 封 夫 扶
福 府 父 付 妇 负 附 复 副 富

G
该 改 盖 概 干 赶 敢 感 刚 钢 高 搞 告
哥 割 歌 隔 个 各 给 根 跟 工 弓 公
功 攻 供 顾 共 沟 狗 购 够 估 姑 古 骨
鼓 故 鬼 贵 刮 挂 怪 关 观 官 管 惯 光 广
规 跪 滚 国 果 过

H
孩 海 害 寒 喊 汉 汗 好 号 喝 合 何 和
河 盒 贺 黑 很 恨 红 后 候 乎 呼 忽 胡
湖 糊 虎 互 户 护 花 化 划 话 画 坏 欢

婚 昏 会 悔 回 挥 恢 灰 货 获 黄 或 慌 伙 荒 火 换 活 还 混

J

击 集 寄 捡 讲 节 尽 敬 拒

圾 几 加 减 奖 降 结 劲 境 具 据

机 己 家 剪 她 近 静

鸡 挤 价 检 交 姐 近 静 卷

迹 计 驾 简 郊 解 禁 九 决

积 记 架 见 骄 介 京 久 绝

绩 纪 假 件 角 经 酒 觉

激 技 嫁 建 脚 借 惊 旧 军

及 际 稼 健 叫 今 睛 救

级 季 尖 渐 较 斤 精 就

即 既 坚 箭 教 金 景 居

极 济 间 江 接 仅 净 举

急 继 肩 将 街 紧 竟 句

K

卡 可 快

开 渴 筷

砍 克 宽

看 刻 况 宽

康 客 捆

扛 课 困 扩

抗 肯

考 空 恐

烤 恐

靠 口

科 哭

棵 苦

颗 块

L

垃 乐 丽

拉 泪 利

啦 类 励

来 累 例

拦 冷 俩

蓝 离 连

篮 礼 怜

懒 里 联

烂 理 脸

郎 力 练

狼 历 凉

劳 厉 凉

老 立 粮

两　亮　谅　辆　量　聊　了　料　邻　林　临　零　龄
领　令　另　流　　　留　六　楼　路　绿　乱　轮　论
落

M
妈　麻　马　骂　吗　埋　买　卖　满　慢　忙　毛　冒
帽　貌　么　没　每　美　妹　门　们　梦　迷　米　秘
密　面　灭　民　名　明　命　摸　母　木　目

N
拿　哪　内　那　奶　男　南　难　脑　闹　呢　能　泥
你　年　念　娘　鸟　您　牛　农　弄　怒　　　女　暖
　　　　　　　　　　　　　　　　　努

P
爬　怕　拍　排　派　兵　旁　胖　跑　陪　盆　朋　碰
批　皮　疲　脾　匹　片　偏　篇　骗　漂　飘　票　拼
品　乒　平　瓶　坡　婆　破　扑　普

Q
七　妻　戚　期　欺　齐　其　奇　骑　旗　起　气　弃
汽　器　千　牵　前　钱　浅　欠　枪　强　墙　抢　悄
敲　桥　切　且　亲　侵　青　轻　清　情　晴　请　庆
穷　秋　求　球　区　取　去　全　劝　缺　却　确　群

R

| 然容 | 嚷肉 | 让如 | 扰入 | 绕软弱 | 热 | 人 | 忍 | 认 | 任 | 扔 | 仍 | 日 |

S
| 撒闪射师士手数送 | 赛善伸湿世守摔诉 | 三伤身十市首双速 | 伞商深什示受谁酸 | 散上神石式瘦水算 | 扫烧升时事书睡虽 | 嫂稍生识势叔顺随 | 色少声实视舒说岁 | 杀绍胜拾试输私碎 | 沙蛇绳食室熟思损 | 傻舍省史是术撕所 | 晒设剩使适束死锁 | 山社失始收树四 |

T
| 他讨挑童推 | 它套条统腿 | 台特跳桶腿 | 抬疼贴痛拖 | 太梯铁偷脱 | 态踢厅头 | 谈提听透 | 汤题庭突 | 堂体停图 | 糖替挺涂 | 躺天通途 | 趟田同土 | 逃甜铜团 |

W
| 挖为 | 外围 | 弯伟 | 完卫 | 玩未 | 晚位 | 碗味 | 万胃 | 王喂 | 往温 | 忘闻 | 望闻 | 危问 |

95

雾 吓 香 谢 兄 血
误 下 相 写 性 雪
物 细 乡 鞋 幸 学
务 系 献 些 姓 选
舞 喜 线 笑 醒 续
武 洗 现 校 形 许
伍 习 县 小 行 须
午 惜 险 消 星
五 悉 显 像 兴 袖
无 息 闲 向 信 秀
屋 希 鲜 想 新 修
握 吸 先 响 辛 休
我

X

西 夏 箱 心 胸

羊 叶 异 赢 右 援
扬 业 义 营 又 圆
验 野 椅 迎 有 原
宴 也 以 英 友 园 晕
演 爷 已 应 游 员 运
眼 要 疑 引 油 元 云
颜 药 移 银 由 遇 越
言 咬 宜 音 优 预 月
严 摇 医 姻 用 玉 约
烟 腰 衣 阴 勇 语 愿
牙 样 一 因 永 雨 院
呀 养 夜 意 硬 鱼 怨
压 阳 页 易 影 于 远

Y

责 者 织 重
造 照 知 众
澡 找 支 种
早 丈 之 终
糟 掌 证 中
脏 站 正 治
赞 占 睁 指
暂 展 征 纸
在 摘 争 只
再 增 阵 止
灾 阵
砸 曾 真 职
杂 怎 这 直

Z

周	猪	主	住	助	注	祝	抓	专	转	装	撞	追
准	捉	桌	着	子	字	自	总	走	租	足	族	组
祖	嘴	最	醉	尊	昨	左	作	坐	座	做